UN MONASTÈRE BRETON

A CHATEAUROUX

SAINT-GILDAS-EN-BERRY

AVEC UNE NOTE

Sur la translation et le culte à Issoudun (Indre) des reliques de saint Paterne, saint Patrice et sainte Brigide,

PAR

EMILE CHENON

PROFESSEUR AGRÉGÉ A LA FACULTÉ DE DROIT DE RENNES,

Ancien élève de l'Ecole Polytechnique.

—

(Extrait du tome XVII des Mémoires de la Société Archéologique d'Ille-et-Vilaine.)

—

RENNES

IMPRIMERIE DE CH. CATEL ET Cie

Rue Leperdit, 2 bis.

1885

UN MONASTÈRE BRETON

A CHATEAUROUX

(SAINT-GILDAS-EN-BERRY)

AVEC UNE NOTE

Sur la translation et le culte à Issoudun (Indre) des reliques de
saint Paterne, saint Patrice et sainte Brigide,

PAR

ÉMILE CHÉNON

PROFESSEUR AGRÉGÉ A LA FACULTÉ DE DROIT DE RENNES,
Ancien élève de l'École Polytechnique.

———

(Extrait du tome XVII des *Mémoires de la Société Archéologique
d'Ille-et-Vilaine.*)

———

RENNES

IMPRIMERIE DE CH. CATEL ET Cⁱᵉ

Rue Leperdit, 2 bis.

—

1885

UN MONASTÈRE BRETON

A CHATEAUROUX

(SAINT-GILDAS-EN-BERRY)

I. — *Arrivée à Déols des moines de Saint-Gildas-de-Ruys.*
— Vers la fin du vie siècle, saint Gildas, dit le Sage, avait
fondé dans la presqu'île de Ruys (ou Rhuis), à quatre lieues
de Vannes, un monastère de l'ordre de saint Benoît. Bâti
dans une position admirable et dans un pays rènommé pour
la douceur exceptionnelle de son climat, le nouveau monastère bénédictin n'avait pas tardé à prospérer. Cette prospérité
se maintint même au ixe siècle, malgré les incursions inces-
santes des Normands et autres pirates, qui désolèrent si fré-
quemment à cette époque les rivages du Morbihan et du pays
Nantais. Malheureusement, des moines sans défense ne pou-
vaient toujours résister, et un jour arriva bientôt où une
invasion plus formidable vint les forcer à abandonner préci-
pitamment leur retraite mise au pillage. Ils s'enfuirent vers le
Sud-Est, en compagnie des moines de Lochmenech, qui,
chassés également par les envahisseurs, s'étaient joints à
eux. Sous la conduite de l'abbé Daiocus, Daocius ou Dahoc,
emportant avec eux leurs meubles les plus précieux et leurs

principales reliques, notamment les corps ou une partie des corps de saint Gildas [1], saint Patrice, saint Aubin, saint Paterne, évêque de Vannes, et sainte Brigide, abbesse de Kildare [2], les fugitifs pénétrèrent par la Touraine [3] dans la vallée de l'Indre, qu'ils remontèrent. Ils s'arrêtèrent sur les bords de cette rivière, au bourg de Déols, non loin de l'endroit où devait s'élever plus tard Châteauroux, dont Déols forme aujourd'hui un des faubourgs [4].

Le bourg de Déols était alors fort important. Il donnait

1. Il reste encore à Ruys, dans l'église paroissiale, d'importantes reliques de saint Gildas, que l'abbé Dahoc n'a pas emportées ou qui sont rentrées depuis.

2. Dans un discours que, d'après le *Patriarchium Bituric*, cap. 52, la *Gallia Christiana* (t. II, col. 153, E) prête à l'abbé Dahoc, celui-ci aurait prétendu en outre avoir en sa possession le calice dont Jésus-Christ s'était servi à la Cène : « Ego miser et socii mei per Dei misericordiam persecutionem Normannorum, Danorum, Hunorum et Wandalorum evasimus, deferentes nobiscum calicem Dominicæ cœnæ in quo vinum aquæ mixtum in veri sanguinis sui substantiam Christus permutavit, dicens : Hic est sanguis meus novi et æterni testamenti ; corpusque eximii confessoris Gildasii utriusque Britanniæ doctoris egregii ; item corpora SS. Patricii apostoli Hibernorum, Albani martyris, Paterni Venetensis episcopi, et B. Brigidæ Schotorum abbatissæ ; cum aliis multis pignoribus SS. martyrum confessorum atque virginum. » — *Adde Gallia Christ., ibid.*, col. 155, A.

3. Près de l'ancienne ville de Château-du-Loir se trouvent, à très peu de distance l'un de l'autre, deux villages nommés *Saint-Aubin* et *Saint-Paterne*. Château-du-Loir se trouvant sur le chemin des fugitifs de Ruys, il est possible que les noms de ces deux villages soient un souvenir de leur passage. — Dans la même région, on peut signaler encore le village de *Saint-Patrice*, sur la Loire, près de Langeais.

4. Cf. *Vita S. Gildæ*, nº 32 : « Pasqueteno... occiso, solus cum filiis, prout poterat, Alanus ipsam provinciam regebat. Ea tempestate duo monasteria virorum, Lochmenech (id est locus monachorum) et locus S. Gildæ, effugatis habitatoribus deserta sunt atque destructa : quorum habitatores conjuncti simul compulsi sunt alienas petere regiones ; atque in Bituricensi regione novas ponere sedes, secum deferentes sanctorum corpora, sanctarumque patrocinia, quæ tunc temporis apud Britannos festa devotione nimioque venerabantur affectu. » *(Recueil des hist. des Gaules*, in-fº, t. IX (1757), p. 136.). — *Adde* La Thaumassière, *Hist. de Berry*, réimpr. d'après l'édit. de 1689, Bourges, in-8º, t. II, p. 389 ; — de Raynal, *Hist. du Berry*, Bourges, Vermeil, 1847, in-8º, t. I, p. 321 ; etc.

son nom à une famille puissante qui remontait aux temps gallo-romains, régnait d'une façon quasi-souveraine sur le Bas-Berry presque tout entier, et revendiquait pour ses membres le titre de princes de Déols. Au moment où l'abbé Dahoc pénétra dans la principauté déoloise, elle appartenait à Ebbes de Déols, dit le Noble, lequel avait succédé à son père Laune, à peu près vers l'époque où son oncle Géronce de Déols devenait archevêque de Bourges (910) [1]. C'est à Ebbes-le-Noble que les fugitifs bretons, qui étaient en grand nombre *(multi monachi)*, demandèrent asile [2]. Ebbes les reçut avec bonté, leur donna de quoi subsister, et leur chercha une résidence provisoire. Il y avait alors près de Déols, sur la rive occidentale de l'Indre, un petit bois, dans lequel anciennement avait été fondée une église ou chapelle en l'honneur de la Sainte Vierge. A côté de l'église s'élevaient quelques habitations, autrefois occupées par des ermites, mais alors vacantes. Ebbes de Déols se hâta de faire réparer ces habitations, qu'il abandonna aux moines bretons. Il fit aussi préparer et orner la chapelle, dans laquelle il déposa avec la plus grande vénération possible les corps et les reliques des saints apportés par l'abbé Dahoc [3]. Cela n'empêcha pas les moines bretons de construire presque aussitôt, dans une île située en vue du

---

1. *Transl. S. Gildæ :* « Gloriosus princeps nobilis Ebbo maximam partem pagi Bituricensis sub ditione suà tenebat; siquidem à Caro fluvio usque ad Vertempam et Angliam potentissimè principabatur. » — Cf. de Raynal, *ibid.*, t. I, p. 335.

2. Cf. *Chron. Turon.*, dans le *Recueil des hist. des Gaules*, t. IX, p. 50, *infrà cit.;* — *Gallia Christ.*, t. II, col. 153 et suiv.; etc.

3. *Gallia Christ.*, t. II, col. 154, A : « Erat autem eo tempore nemusculum e regione castri Dolensis versus occidentalem plagam, in quo antiquitus fundata fuit ecclesia in honore B. Mariæ semper virginis, et juxta eam mansiones olim ab eremitis habitatæ; sed tunc temporis vacabant habitatore. Porrò religiosissimus princeps easdem mansiones festinanter resarciri, basilicam præparari et ornari præcipit, in quà sanctuaria et prædictorum SS. corpora quanta potuit reverentia collocavit; monachos autem in eisdem mansionibus ponens, de redditibus suis eis necessaria affatim providit. »

château de Déols, une autre chapelle, mentionnée dès 927 dans une charte d'Ebbes de Déols lui-même [1]. — Peu après, Ebbes résolut de bâtir à ses frais, pour ses nouveaux hôtes, un monastère et une église, en l'honneur du Sauveur du monde et de saint Gildas. L'emplacement fut choisi à quelque distance de Déols, dans une autre île de l'Indre, et les travaux furent entrepris aussitôt, deux ans après l'arrivée des Bretons à Déols [2]. C'est ainsi qu'à Saint-Gildas-de-Ruys allait succéder Saint-Gildas-en-Berry.

II. — *Ebbes de Déols; date de l'exode des moines bretons.* — Ce n'est pas le seul monastère bénédictin qu'Ebbes de Déols fonda dans la région. En 917, en effet, de concert avec sa femme Hildegarde, et probablement sur les instances de l'archevêque Géronce, son oncle, qui souscrivit la charte de fondation, il avait commencé à construire au bourg même de Déols un monastère qui, successivement agrandi et enrichi par ses successeurs, et de plus exempté de la juridiction de l'Ordinaire et placé dans la dépendance immédiate du Saint-Siège, devait, sous le nom d'*abbaye de Déols*, éclipser l'abbaye voisine de Saint-Sauveur et Saint-Gildas, et rester pendant plusieurs siècles le principal centre monastique du Bas-Berry. L'église de l'abbaye de Déols fut consacrée par Géronce en 920, sous le vocable de Notre-Dame et des apôtres saint

1. *Charte du 2° jour des cal. d'oct. 927* : « ... Capellam nihilominus à Britonibus constructam in insulam, post illorum discessum eidem loco attribuo. » *(Gallia Christ.*, t. II, *Instrum.*, col. 44). — *Adde* un diplôme de Louis d'Outremer : « ... et capellam, quam in conspectu castelli Britones monachi ædificaverunt. » *(Recueil des hist. des Gaules, ibid.*, p. 597); — et une lettre du pape Jean **XIII**, *infrà cit.*

2. *Gallia Christ., ibid. :* « Expleto denique *biennio* vir alti consilii et eximiæ nobilitatis princeps Ebbo, in *insulâ* quæ dictæ ecclesiæ a septentrionali parte subjacebat, monasterium in honorem S. Salvatoris mundi, atque officinas monachis opportunas propriis expensis ædificare cœpit. » — *Adde* La Thaumassière, *ibid.*

Pierre et saint Paul. En 927, Ebbes-le-Noble obtint du roi Raoul, dont il était devenu le vassal direct, la confirmation de sa fondation de l'an 917, et dressa une seconde charte pour prévenir toute difficulté[1].

Le monastère de Déols était terminé et celui de Saint-Gildas encore inachevé, lorsqu'en 935 l'un et l'autre furent menacés d'un grand danger. De nombreux Madgyars, appelés Normands par la Chronique de Flodoard[2], et Hongrois par celle de Déols[3], s'avançaient par la vallée de l'Indre, pillant tout sur leur passage. Ebbes-le-Noble se hâta de réunir ses hommes et marcha à la rencontre des envahisseurs. Il les atteignit à Loches, à la limite de ses terres, les mit en déroute, les repoussa jusque sur la Loire, et les força de traverser ce fleuve à Orléans. Mais il fut malheureusement enseveli dans son triomphe. Blessé mortellement dans le combat, il expira à Orléans même[4] entre les bras de son oncle Géronce, de son frère Laune et de son fils Raoul, auquel il recommanda avec instance de veiller à la prospérité de l'abbaye de Déols et à l'achèvement de l'abbaye de Saint-Gildas[5].

1. Pour plus de détails, cf. les chartes de 917 et 927 dans la *Gallia Christ.*, t. II, *Instrum.*, col. 44; et dans le *Recueil des histor. des Gaules, ibid.*, p. 713 et suiv., 570 et suiv.; — La Thaum., *op. cit.*, t. II, p. 389; — et de Raynal, *ibid.*, t. I, p. 315 et suiv.

2. *Chr. Flodoard.* : « D.CCCC.XXXV... Nordmanni qui pagum Bituricensem deprædabantur a Biturigensibus et Turonibus bello aggressi perimuntur. » *(Recueil des hist. des Gaules*, t. VIII, p. 190.)

3. *Chr. Dol.* : « D.CCCC.XXXV. Prima Hungrorum irruptio, occiso domino Ebbone, fundatore hujus loci, primo domino Dolensi, et Radulpho rege (regnante). » *(Recueil des hist. des Gaules*, t. IX, p. 90.)

4. *Chr. Rich. Pictav.* : « Quos Ebbo nobilis Bituricus, fundator Dolensis cœnobii, Ligerim Aurelianis transire coegit; et ibi vulneratus ad mortem obiit, in ecclesiâ S. Aniani sepultus, sicut in translatione S. Gildasii reperitur. » *(Ibid.*, t. IX, p. 23.) — *Adde Gallia Christ.*, t. II, col. 154.

5. Voici les paroles que la *Gallia Christiana (ibid.*, C) met dans la bouche d'Ebbes mourant : « Insuper attentius te (Radulphum) adjuro et obsecro ut monasterium quod in honore Salvatoris mundi sanctique Gildasii, cum officinis fratribus necessariis ædificare cæpi, sed consummare non potui,

Telles furent les circonstances qui accompagnèrent la fondation du monastère breton de Saint-Gildas-en-Berry. Ces circonstances, sur lesquelles s'accordent les chroniques et les historiens, permettent de préciser d'une manière suffisante l'époque de l'exode de l'abbé Dahoc et de ses moines, époque sur laquelle règnent quelques incertitudes. Il y a deux dates à déterminer : celle du départ de Bretagne et celle de l'arrivée en Berry. — Cette dernière date est la plus facile à fixer. Il est certain tout d'abord qu'elle est antérieure à l'année 927, puisqu'une charte de cette époque parle de la chapelle bâtie près de Déols par les moines bretons. D'un autre côté, la *Chronique de Tours* ne place l'arrivée des fugitifs de Bretagne que postérieurement à la fondation du monastère de Déols, où, d'après elle, les reliques de leurs saints auraient même reposé un instant[1]. Cette indication de la *Chronique de Tours* nous paraît exacte. Il est à croire, en effet, qu'Ebbes avait déjà bâti et pourvu le monastère de Déols, lorsqu'il accueillit les fugitifs de Ruys ; car sans cela il est plus que probable qu'il les eût englobés parmi les moines de la nouvelle abbaye bénédictine qu'il projetait, au lieu de leur construire un monastère spécial. Or c'est en 920, nous l'avons vu, que fut consacrée l'église abbatiale de Déols, et que la fondation de l'abbaye peut par suite être considérée comme terminée. Il est donc très vraisemblable que c'est vers 925 que les moines de Ruys arrivèrent en Berry. Cette date est très convenable

perficias ; sanctuaria quæ de Britanniâ allata sunt, ibi decenter reponas ; Daocium sanctum abbatem cum sociis suis ibidem honorifice colloces, eisque tantum de prædiis et redditibus largiaris, ut sine murmure et querelâ in pace Deo serviant. »

1. *Chron. Turon.* : « Anno Corrardi V et Caroli Regis XXV (?) fundavit Ebbo dominus Castri-Radulphi (?) Dolense cœnobium, et multos monachos à Britanniâ fugientes suscepit ; et *ibi* corpora SS. Gildasii abbatis, Albini martyris, et Brigidæ virginis collocavit. Post hac idem Ebbo contra Hungaros pergens, ab eis occiditur ; Aurelianis sepultus est. » *(Recueil des hist. des Gaules, t. IX, p. 50.)*

pour expliquer comment le monastère de Saint-Gildas, commencé deux ans après l'arrivée des Bretons, était encore inachevé en l'année 935.

La date du départ de Bretagne est moins aisée à déterminer. D'après l'auteur anonyme de la *Vie de saint Gildas*[1], ce serait à l'époque où le comte de Vannes, Alain Ier, gouvernait *seul* sa province, c'est-à-dire entre l'année 877, date de la mort de son frère Pasquiten, et l'année 907, date de sa propre mort, que les deux monastères de Ruys et de Lochmenech auraient été détruits, et leurs habitants « forcés de gagner d'autres régions et d'aller fixer leur résidence en Berry. » La date de 877 correspond bien à cette période de 874 à 878, à laquelle on rapporte en Bretagne la majeure partie des fuites de moines et des départs de reliques ; mais en ce qui concerne l'abbé Dahoc, elle nous paraît difficile à accepter, bien que dom Lobineau et dom Morice aient cru pouvoir l'admettre[2]. Il faudrait supposer en effet que ces moines de Ruys, que la *Vie de saint Gildas* et la *Chronique de Tours* nous représentent comme arrivant directement de Bretagne en Berry, eussent mis environ quarante-cinq ans à effectuer leur voyage. Or, tout en convenant qu'ils ont pu s'arrêter, assez longtemps même, dans les pays intermédiaires qu'ils traversaient, il faut avouer qu'un séjour de plus de quarante ans, dont aucune trace ne reste dans les textes, est assez peu probable. La plupart des fugitifs seraient morts en route, et en arrivant à Déols ils n'auraient plus été ces *multi monachi à Britannia fugientes* dont parle la *Chronique de Tours*. D'un autre côté, l'abbé Dahoc, auquel on ne saurait donner en 877 moins d'une vingtaine d'années (ce qui

---

1. *Suprà cit.*
2. Dom Lobineau, *Hist. de Bret.*, Paris, v⁰ Muguet, in-f⁰, t. I (1707), p. 68 ; — dom Morice, *Hist. ecclés. et civile de Bretagne*, Paris, Delaguette, in-f⁰, t. I (1750), p. 55 et 1033.

pour un *abbé* est déjà bien insuffisant), vivait encore, ainsi qu'on le verra, en 947. Il aurait donc eu alors 90 ans *au moins*, âge peu favorable, on en conviendra, pour entreprendre, comme il le fit, la fondation d'un nouveau monastère. — Après 878, il y eut en Bretagne, pendant une trentaine d'années, une sorte d'accalmie, qui ne prit fin qu'à l'époque de la mort d'Alain Ier, dit le Grand, et durant laquelle il ne paraît point y avoir eu de départ de moines. C'est donc, en s'en tenant aux limites fixées par la *Vie de saint Gildas*, la date la plus récente, c'est-à-dire 907, qui soulève le moins de difficultés[1], en permettant de réduire de quarante-cinq ans à dix-huit ans au plus le temps mis par les Bretons à se rendre en Berry, et de 90 à 60 ou 70 ans l'âge probable de l'abbé Dahoc en 947. — En résumé, nous conclurons que les moines de Ruys et de Lochmenech ont quitté la Bretagne au plus tôt en 907, et qu'ils sont arrivés en Berry vers 925.

III. — *Raoul de Déols; l'abbé Dahoc à Issoudun.* — Le successeur d'Ebbes-le-Noble, Raoul de Déols, que ses libéralités ont fait surnommer le Large, se hâta d'accomplir à l'égard de Saint-Gildas les dernières recommandations de son père. Il fit d'abord achever « jusqu'au faîte » les travaux commencés, et déposer dans la nouvelle église abbatiale les reliques de saint Gildas, saint Aubin, saint Patrice, saint Paterne et sainte Brigide[2]; puis il augmenta encore les reve-

---

1. Il en subsiste une toutefois. Il est dit dans les chroniques que les Normands ne recommencèrent leurs ravages qu'après avoir appris la mort d'Alain-le-Grand, donc un peu après 907. C'est de 910 à 923 qu'il y eut le plus d'incursions et de paniques. Le départ de l'abbé Dahoc se placerait donc plus naturellement dans cette période qu'en 907. Malheureusement il faut, pour l'admettre, s'écarter du texte de la *Vita S. Gildæ.*

2. *Gallia Christ.*, t. II, col. 155, A : « Abbatiam quoque S. Salvatoris ab strenuissimo patre suo inchoatam, ad summum perduxit fastigium, ubi

nus et les privilèges qu'Ebbes de Déols avait déjà concédés aux moines bretons [1]. Il fonda aussi un prieuré, dit de la Sainte-Trinité, à Villedieu-sur-Indre, qui s'appelait alors *Pontiolus*, et le soumit à l'abbaye de Saint-Gildas [2]. En revanche, en exécution d'une donation à terme, *post discessum Britonum*, faite en 927 par Ebbes-le-Noble aux moines de l'abbaye de Déols, Raoul-le-Large laissa ces derniers se mettre en possession de la chapelle que leurs frères de Bretagne avaient bâtie dans une île lors de leur arrivée, et qui depuis leur installation à Saint-Gildas leur était devenue inutile [3]. — Raoul ne s'en tint pas là à l'égard des moines de Déols. Il leur abandonna son château, dont la position gênait le développement de leur abbaye, et alla transporter sa résidence à quelque distance sur la rive gauche de l'Indre. Là, presqu'en face de l'abbaye de Saint-Gildas, il jeta les fondements du château qu'habitèrent désormais ses successeurs, et qui, du nom de son fondateur, s'appela le Château-Raoul, *Castrum Radulphi* [4].

Au moment même où Raoul-le-Large rapprochait ainsi son château de l'abbaye de Saint-Gildas, il se passa, d'après une tradition très sérieuse et corroborée par des textes, un évènement intéressant pour l'histoire des réfugiés de Ruys [5]. En

quum sacratissimum calicem Cænæ Domini, et corpora SS. Gildasii, Albani, Patricii, Paterni, et Brigidæ virginis, cum multis aliorum pignoribus præcipua veneratione collocasset... »

1. La Thaumassière, *ibid.*, p. 390.

2. La Thaumassière, *ibid.*, p. 391.

3. Cette donation fut confirmée plus tard par Louis d'Outremer et le pape Jean XIII. — Cf. *Charte d'Ebbes de 927*; et *Dipl. de Louis d'Outremer, suprà cit.*; — et une *Lettre de Jean XIII, circà 968*, accord. des priv. à l'abbaye de Déols : « ... Capellam nihilominus juxta castrum Dolis à Britonibus constructam, post illorum discessum attribuimus. » (*Recueil des hist. des Gaules*, t. IX, p. 236.)

4. Cf. *Gallia Christ.*, t. II, col. 154, E, et col. 155, A; etc.

5. J'ignore pourquoi M. de Raynal *(ibid.*, t. I, p. 340, note 3) déclare

l'an 947, à la prière de son oncle Laune de Déols, frère d'Ebbes-le-Noble et neveu de l'archevêque Géronce, dont il était depuis longtemps l'archidiacre [1], Raoul de Déols décida l'abbé Dahoc à transporter le chef et les principaux membres du corps de saint Paterne à Issoudun, ville voisine d'une certaine importance [2]. Il existait dans un faubourg de cette ville, sur la rive gauche de la Théols, un ancien monastère dédié à saint Martin, mais alors à demi ruiné et abandonné. Raoul-le-Large le fit rebâtir, le consacra à Notre-Dame, et y installa l'abbé Dahoc, qui déposa avec vénération dans l'église qui en dépendait les reliques de l'évêque de Vannes [3]. Dès lors, cette église prit le nom d'église Saint-Paterne, ainsi que le faubourg lui-même, qui garde encore ce nom aujourd'hui [4]. A la suite de ces évènements, Roger, surnommé Taillefer, alors

cet événement *incertain*. Sans lui, la plupart des textes qui vont être cités ne pourraient s'expliquer.

1. Il devait lui succéder comme archevêque de Bourges en 948.

2. *Gallia Christ.*, t. II, col. 156, E : « Certe, tempore Gerontii archiepiscopi Bituricensis, Radulphus Largus Ebbonis filius princeps Dolensis, ad petitionem spectabilis pontificis Launi patrui sui, tunc temporis adhuc S. Gerontii archidiaconi, caput et principalia membra beati Paterni Venetensis episcopi transtulit in castrum Exoldunense, ex abbatiâ Sancti Gildasii Dolensis quam in castro a seipso constructo, dicto Castro-Radulphi, ædificaverat atque consummarat, a patre inchatam. *Patriarch. Bituric.*, cap. 53. »

3. Cf. La Thaumassière, *ibid.*, t. II, p. 139, 143, 391, — et les extraits suivants du martyrologe de l'abbaye de Notre-Dame d'Issoudun, rapportés par le même, *ibid.*, p. 145 : « *21 août.* Item translatio Sancti Paterni antistitis, quando à Britanniâ sublatus est, et in monasterio Exoliduno locatus habetur, quod *ab ipsis reædificatum est* qui eum transtulerunt in honorem Beatæ Mariæ. » — « *23 sept.* Translatio corporis Sancti Paterni antistitis Venetensis, quando sublatum fuit à Britanniis, et apud Exoldunum in territorio sanctæ Dei genitricis condignâ veneratione conditum. » — P. 145, La Thaumassière commet une erreur évidente, qu'il réfute lui-même aux pages 143 et 391, en fixant à l'an 1000 la translation de saint Paterne, et en l'attribuant à un certain abbé d'Issoudun *Mocius,* qu'il confond ensuite (p. 146) avec l'abbé Dahoc. — Même confusion dans la *Gallia Christ.*, t. II, col. 157, E.

4. La Thaumassière, *ibid.*, p. 143, 145, etc.

seigneur d'Issoudun, fit don à l'abbé Dahoc et à « la Vierge Marie, » c'est-à-dire à la nouvelle abbaye bénédictine de Notre-Dame, d'abord d'une terre que ses nouveaux propriétaires bretons appelèrent eux-mêmes *Britoneria*, nom qui se retrouve aujourd'hui dans celui d'une commune du canton de Levroux, appelée *Bretagne*[1]; puis une autre fois d'un manse nommé Chezelles, avec toutes ses dépendances, terres, prés et moulin[2]. Cet exemple fut suivi par ses successeurs[3]; et le second monastère issu de Saint-Gildas-de-Ruys prit un rapide essor et fournit une brillante carrière, qu'il serait trop long de raconter ici[4].

1. Ne pas confondre cette commune avec une localité du même nom, près La Berthenoux; sur cette dernière et sur La Berthenoux, cf. *Les Bretons en Bas-Berry*, p. 8, dans les *Mém. de la Société arch. d'Ille-et-Vil.*, t. XVI, p. 356.

2. *Charte de 1134*, aux Arch. de l'Indre, fonds de l'abbaye de la Prée, liasse 7 [commun. par M. le comte Ferdinand de Maussabré à M. de Raynal] : « Rogerius, cognomento Taillefer, dedit abbati Dahoc et Beate Marie, terram que ab hospitationem Britonum *Britoneria* ab ipsis vocata est... Dedit eis iterum princeps prenominatus quemdam mansum in vicaria Circiasensi, Cheselos vocatum, una cum molendino suprà posito, et terram et prata et omnia ad eum ibidem pertinentia. Etc. » (De Raynal, *ibid.*, t. IV, p. 539, en note.)

3. Cf. la suite de la charte précitée; — et La Thaumassière, *ibid.*, p. 144-145, 157, 159, 160, 161, etc.

4. Cf. sur ce point la *Gallia Christ.*, t. II, col. 158 et suiv. — On voit qu'en définitive nous attribuons la fondation de l'abbaye de Notre-Dame d'Issoudun à Raoul-le-Large et à l'abbé Dahoc. C'est là cependant un point controversé, et les auteurs de la *Gallia Christiana* se font l'écho d'incertitudes qui régnaient de leur temps à ce sujet, sans prendre aucun parti. Il est vrai qu'ils ne citent pas, et par suite n'ont pas dû connaître quelques-uns des textes sur lesquels nous nous sommes appuyé, et qui pour nous laissent peu de place au doute. La cause de l'incertitude tient aux assertions d'un moine du monastère de Crespy-en-Flandre, nommé Jean Mallet, qui prétend avoir trouvé dans son couvent la charte originale de la fondation de Notre-Dame d'Issoudun. D'après cette charte, dont on s'explique malaisément la présence en Flandre, ou plutôt d'après Jean Mallet, le monastère de Notre-Dame aurait été « fondé par Raoul et sa femme Batilde, et par Hugues, très anciens seigneurs d'Issoudun, sous le patronage de saint Odilon, » et de plus, « en 947, l'abbé d'Issoudun aurait été *Odo*, » et non l'abbé Dahoc. Mais ces

Notons seulement que parmi les reliques apportées de Bretagne par l'abbé Dahoc, celles de l'évêque de Vannes ne furent par les seules transférées à Issoudun. Très peu de temps, semble-t-il, après la translation de saint Paterne, un certain abbé de Notre-Dame d'Issoudun, *Mocius*, sur le compte duquel il règne beaucoup d'obscurité, apporta également les corps de saint Patrice et de sainte Brigide, en sorte que l'église abbatiale de Saint-Gildas, qui avait d'abord reçu toutes les reliques des saints bretons, ne conserva plus guère que les reliques de son propre patron [1].

§ 2. — L'abbaye de Saint-Gildas-en-Berry.

IV. — *Saint-Gildas du Xe au XIIIe siècle.* — Malgré le départ de l'abbé Dahoc pour Issoudun, l'abbaye de Saint-Gildas, où était demeurée sans doute la majeure partie de ses compagnons, continua à prospérer, grâce à la générosité des princes de Déols. Après Raoul-le-Large, mort en 952, son fils et successeur Raoul II, dit le Chauve, fit en effet au mo-

assertions sont en tout cas inexactes sur un point : saint Odilon, abbé de Cluny, étant né seulement en 962, il ne pouvait être question de lui en 947. D'un autre côté, il est dit dans le martyrologe de Notre-Dame d'Issoudun que le monastère d'Issoudun « a été rebâti (*reædificatum*; cf. une note précédente) par ceux qui ont apporté le corps de saint Paterne en l'honneur de Notre-Dame. » Or, personne ne conteste que ce soit Raoul de Déols et l'abbé Dahoc qui aient transféré saint Paterne à Issoudun ; par conséquent, ce sont eux qui ont rebâti le monastère, et l'abbé Dahoc a été le premier abbé de ce monastère *rebâti*, gratifié d'une donation par Roger Taillefer, premier seigneur connu d'Issoudun. Si donc on veut absolument admettre, sur la foi de Jean Mallet, l'intervention de Raoul, de Bathilde et d'Hugues, seigneurs d'Issoudun inconnus jusqu'ici, et l'existence de l'abbé *Odo*, il faut admettre aussi qu'il s'agit, non du monastère de Notre-Dame d'Issoudun, mais du monastère de Saint-Martin, qui l'a précédé, et abandonner pour *Odo* la date 947. (Cf. La Thaumassière, *ibid.*, p. 144.)

1. La Thaumassière, *ibid.*, p. 146. — Voir à l'*Appendice* une note complémentaire sur les reliques de saint Paterne, saint Patrice et sainte Brigide.

nastère de nouvelles donations[1]. Ce prince, qui vécut jusqu'en
1012 et enterra les derniers survivants des réfugiés de Ruys,
put apprendre avant de mourir que Geoffroy Ier, duc de Bretagne, avait reconstitué en l'an 1008 l'abbaye de Saint-Gildas-
de-Ruys, au lieu même où pour la première fois elle avait
pris naissance. Le fils de Raoul II, Eudes-l'Ancien, ne fut
pas moins libéral que son père. Ayant été surpris en mer par
une violente tempête, probablement à son retour de Jérusa-
lem, où il se trouvait en 1027, il se recommanda à l'inter-
cession des saints qui reposaient dans les églises fondées par
ses prédécesseurs; et une fois hors de danger et rentré au
Château-Raoul, il alla rendre grâces à Dieu dans l'abbaye de
Saint-Gildas; puis, pour manifester sa reconnaissance, il
donna aux religieux de nouveaux privilèges et de nouvelles
propriétés, affranchit les terres de Saint-Gildas et les per-
sonnes qui y demeuraient de toutes redevances à son égard, et
voulut même que les habitants ne reconnussent plus d'autres
seigneurs que l'abbé et ses religieux[2]. Grâce à ces privilèges,
il ne tarda pas à se former autour de l'abbaye de Saint-Gildas
un bourg assez considérable, qui devait plus tard, comme
celui de Déols, constituer l'un des faubourgs de la ville de
Châteauroux, alors en voie de formation autour du Château-
Raoul.

Quelque temps après l'importante donation d'Eudes-l'Ancien, il se passa à Saint-Gildas des scènes regrettables. Les
moines, devenus peut-être trop riches et trop puissants, se
relâchèrent de leur discipline et se révoltèrent contre leur
abbé Vital, dont la rigidité les importunait. En 1042, ils finirent par le chasser de l'abbaye; et Vital s'en alla au fond du
Poitou fonder un nouveau monastère[3]; mais il est à croire

1. La Thaumassière, *ibid.*, t. II, p. 392.
2. La Thaumassière, *ibid.*, p. 392-393.
3. Charte de Guillaume, seigneur de Talemond, en faveur de l'abbé Vital :

qu'il fut rétabli par la suite, car on le voit en 1067 souscrire comme abbé de Saint-Gildas une charte qui restituait aux moines de Saint-Florent une *cella* bâtie dans le *castrum* de Saumur[1]. En tout cas, à cette date tout était rentré dans l'ordre, et le monastère de Saint-Gildas ne fait plus parler de lui jusqu'au commencement du xiie siècle.

A cette époque, les moines durent recevoir une visite de Bretagne. Vers la fin de sa vie, Robert d'Arbrissel, qui venait de fonder en Berry le prieuré d'Orsan, vint en effet à Déols, où il prononça dans la salle capitulaire de l'abbaye celui de ses sermons qui devait être le dernier (1117)[2]. Il ne manqua pas sans doute de venir visiter le monastère voisin, fondé jadis par ses compatriotes[3], et où il put voir encore l'église qu'avait achevée Raoul de Déols. Cette église ne devait pas tarder à faire place à un nouvel édifice, qui fut consacré le 25 mars 1128, jour de la fête de l'Annonciation, par l'archevêque de Bourges Vulgrin. Ce fut l'occasion d'une grande et solennelle cérémonie. D'après frère Jean de la Gogue (un prieur de Saint-Gildas qui a laissé une histoire manuscrite des princes de Déols), Gérard, évêque d'Angoulême et légat du pape Honorius II, les évêques de Poitiers, de Saintes et de Clermont, l'archevêque de Tours et ses suffragants, et cinquante-sept abbés de monastères assistèrent à cette consécration. Elle fut suivie d'un concile, qui fut présidé par le légat

« Monachorum suorum importunitate ejectus. » Par cette charte, Guillaume donne à Vital l'église de Notre-Dame d'Olonne pour y fonder un couvent. — Cf. Besly, *Hist. des comtes de Poitou*, p. 324, — et de Raynal, *ibid.*, t. I, p. 321.

1. *Gallia Christ.*, t. II, col. 155, **D**.

2. Cf. *Les Bretons en Bas-Berry*, p. 10, dans les *Mém. de la Soc. arch. d'Ille-et-Vil.*, t. XVI, p. 358.

3. Robert d'Arbrissel passa aussi à Issoudun, où se trouvait la seconde abbaye fondée par l'abbé Dahoc. Ainsi, le saint moine put, à diverses reprises, retrouver dans le Bas-Berry des souvenirs de sa patrie.

Gérard, et qui se tint dans le monastère même de Saint-Gildas [1].

Cette reconstruction de son église abbatiale est une preuve qu'au début du xiie siècle le monastère de Saint-Gildas, sans avoir l'éclatante destinée de Notre-Dame de Déols, était cependant dans une situation prospère. Il avait déjà commencé à essaimer et à fonder çà et là des prieurés. Sans parler du prieuré de Villedieu-sur-Indre, le plus ancien de tous, bâti, comme on l'a vu, par Raoul-le-Large, et où purent aller habiter quelques-uns des réfugiés de Ruys et de Lochmenech, il est question dès la fin du xiie siècle d'un prieuré à Taunay, d'un autre au Pin sur la Creuse [2], d'un troisième à Saint-Maur-sur-Indre, pour lequel on a des actes remontant jusqu'à 1211. L'église de ce dernier prieuré, qui n'offrait rien de remarquable au point de vue architectural, avait pour des bénédictins l'honneur inestimable d'abriter les reliques de saint Maur, disciple de saint Benoît et introducteur de sa règle en France. Elle était entretenue par les moines de Saint-Gildas, et elle fut desservie par l'un d'eux jusqu'en 1558. A partir de cette époque, des prêtres séculiers, qui recevaient la portion congrue, firent le service; mais les bénédictins de Saint-Gildas conservèrent le patronage du prieuré et restèrent seuls décimateurs [3]. On trouve encore dans les auteurs mention d'un prieuré fondé à Saint-Marcel-lez-Argenton, au commencement du xiiie siècle, par Guillaume Ier de Chauvigny, baron de Châteauroux [4]; d'un autre, dit de Saint-Blaise, sis à

---

1. La Thaumassière, *ibid.*, t. II, 395 ; —de Raynal, *op, cit.*, t. II, p. 36 ; — *Gallia Christ.*, t. II, col. 155, D.

2. Cf. la pièce justificative, *in fine*.

3. Lettre de M. l'abbé Damourette, 23 décembre 1868, citée par Mgr de la Tour-d'Auvergne, *Instruct. pastor. sur le culte des Saints, à l'occasion de la reconn. des reliques de saint Maur*, Bourges, Pigelet, 1876, p. 13, note 1.

4. La Thaumassière, *ibid.*, p. 406.

Châteauroux même [1] ; d'un autre encore, dit prieuré de Surin, situé dans la paroisse de Niherne [2], etc.

A la tête de chacun de ces prieurés se trouvait un prieur, et à la tête de l'abbaye de Saint-Gildas un abbé, élu par les moines. Une charte de 1180 ou 1181 nous indique de quelle manière procédaient les religieux, lorsqu'une élection était devenue nécessaire. Ils s'assemblaient dans le chapitre avec la permission de l'archevêque de Bourges, à la juridiction duquel ils étaient toujours restés soumis [3], et convoquaient les abbés voisins à prendre part à leur délibération. Ils choisissaient ensuite sept d'entre eux, « hommes religieux et craignant Dieu, » auxquels ils transmettaient leurs pleins pouvoirs. Ces sept électeurs se retiraient alors avec les abbés étrangers qui avaient été invités, choisissaient celui qu'ils voulaient élire, et rentraient dans la salle capitulaire pour proclamer son nom. Les moines, en signe d'actions de grâces, entonnaient alors le *Te Deum*, puis ils conduisaient le nouvel abbé dans le sanctuaire et le faisaient asseoir sur le siège abbatial. En 1180, il se produisit un incident. Le nouvel élu, Gautier, prieur de Villedieu, se mit à pleurer et refusa de s'asseoir sur le siège réservé à l'abbé. Les sept électeurs durent écrire au doyen et aux chanoines de Saint-Étienne de Bourges, qui administraient le diocèse pendant la vacance du siège, pour leur demander de contraindre l'abbé Gautier à accepter les fonctions auxquelles il avait été régulièrement élu. C'est dans cette lettre que nous avons puisé les détails qui précèdent [4].

---

1. N. de Nicolay, *Description generale du païs et duché de Berry, l'an MDLXVII,* Châteauroux, Aupetit, édit., 1883, in-8°, p. 119.

2. Nicolay, *ibid.,* p. 135. — En 1567, époque à laquelle écrivait Nicolay, ce prieuré était « à moitié ruyné, » et cependant « de bon revenu. »

3. Cf. *Gallia Christ.,* t. II, col. 154, D.

4. Voir la pièce justificative. — Les sept électeurs étaient : les frères Ray-

V. — *Droits divers des abbés de Saint-Gildas; les guerres de religion; sécularisation de l'abbaye.* — Grâce aux libéralités des princes de Déols, imitées sur ce point par leurs successeurs, les seigneurs de Chauvigny, barons de Châteauroux [1], l'abbé de Saint-Sauveur et Saint-Gildas avait fini par devenir dès le XIIIe siècle un personnage fort important. Il avait surtout le faubourg de Saint-Gildas une justice ressortissant à celle de Châteauroux [2]. Il était l'administrateur d'un hôtel-Dieu fondé par Guillaume Ier de Chauvigny, qui avait bâti pour le service des malades une petite chapelle dédiée à saint Marc, et placée tout au bord de l'Indre [3]. Il administrait aussi, et assez mal s'il faut en croire Nicolay, l'hôpital Saint-Roch, situé au même bourg, et rapportant à l'aumônerie de Saint-Gildas 300 livres de rente annuelle au XVIe siècle [4]. Enfin, il avait sur les paroisses de Saint-Denis et de Saint-André de Châteauroux une sorte de suzeraineté féodale qui se traduisait par des prestations pécuniaires et honorifiques. Au point de vue pécuniaire, les habitants devaient payer un cens annuel, fixé en moyenne à deux livres par maison, sauf pour les manœuvres, qui ne payaient que quelques deniers. Au point de vue honorifique, les curés de Saint-Denis et de Saint-André devaient, paraît-il, aller chaque année, le jour de l'Ascension, processionnellement, avec la croix, les bannières et les reliques de leurs églises respectives, rendre leurs hommages à leur suzerain, l'abbé de Saint-Gildas, dans son église abbatiale [5].

mond, sous-prieur; Raoul, bibliothécaire; Hugues, écolâtre; Bernard, économe; Maurice, prieur de Taunay; Pierre, prieur du Pin, et Sulpice.

1. Notamment Guillaume Ier (1203-1233) et Guillaume III de Chauvigny (mort en 1332). — Cf. La Thaumassière, *ibid.*, t. II, p. 406 et 412.

2. Nicolay, *ibid.*, p. 120.

3. Abbé Damourette, dans le *Congrès archéol. de Châteauroux de 1873*, Paris-Tours, 1874, in-8º, p. 546.

4. Nicolay, *ibid.*

5. Abbé Damourette, *loc. cit.*, p. 548-549.

Pendant les guerres de religion, le monastère de Saint-Gildas, malgré ses fortifications, ou peut-être à cause même de ses fortifications, eut à souffrir des coups de main. Au mois de juin 1590, M. d'Arquian, partisan d'Henri IV, occupait Châteauroux. Le maréchal de France Claude de la Châtre, un des plus ardents ligueurs, vint l'y assiéger, en compagnie de MM. de Neuvy-le-Barrois et de la Guierche (samedi 16 juin). Mais il était à peine arrivé, qu'on vint lui dire que la ville de Charost (Cher), qui était tombée en son pouvoir l'année précédente, était menacée par les habitants d'Issoudun, qui tenaient pour le roi. Le maréchal se hâta de lever le siège de Châteauroux (samedi 22 juin); seulement, pour tenir M. d'Arquian en respect, il s'empara de l'abbaye de Saint-Gildas, y laissa le capitaine La Valade avec cinquante soldats et courut dégager Charost. Mais M. d'Arquian, désireux de réparer un échec qu'il avait subi quelques semaines auparavant devant Déols, se présenta huit ou dix jours après devant Saint-Gildas, avec cinq ou six cents hommes et deux pièces de canon [1], et reprit de vive force le monastère; puis, pour se venger des exécutions commises l'année précédente à Charost, il fit pendre à un noyer le capitaine La Valade et quatre de ses soldats [2].

Après le rétablissement de la paix, l'abbé commendataire de Saint-Gildas, François de Chènevières, s'occupa de réparer les maux causés par la guerre. Il fit restaurer la grande église, le logis abbatial, et aussi la petite chapelle de l'hôtel-Dieu, qu'il avait précédemment décorée d'une porte élégante qui subsiste encore, un peu mutilée par les projectiles des combattants [3].

1. M. de Raynal dit douze cents hommes et six pièces de canon.
2. La Thaumassière, *ibid.*, t. I, p. 394; — et de Raynal, *ibid.*, t. IV, p. 188.
3. Abbé Damourette, *loc. cit.*, p. 546 et 548. — La page 547 donne un dessin de la chapelle.

Mais l'abbé de Chènevières, qui mourut le 26 juillet 1616, ne travaillait ni pour lui, ni même pour ses successeurs. Les richesses de l'abbaye de Déols et de celle de Saint-Gildas, « qui étoit de groz et ample revenu [1], » avaient tenté la cupidité d'Henri II de Bourbon, prince de Condé et duc de Châteauroux ; et déjà ce prince mettait tout en œuvre pour en obtenir la sécularisation. Il y réussit en 1622. Le pape Grégoire XV, par une bulle donnée à Rome le 4 des calendes de janvier, approuvée par Louis XIII le 24 août suivant, et confirmée par le pape Urbain VIII le 21 février 1623, concéda au prince de Condé le droit d'incorporer à son domaine de Châteauroux les biens des deux abbayes. Le pape imposait en retour à Henri de Bourbon la création à Châteauroux d'une église séculière et collégiale, avec un abbé, douze chanoines prébendés, et une dotation de 6,000 liv., et d'un collège de jésuites avec une dotation de 4,000 liv. Ces compensations étaient bien insuffisantes, et, de plus, Henri de Bourbon se montrait peu disposé à les accorder. Aussi, lorsqu'en 1627 les bulles pontificales et l'ordonnance royale qui les approuvait furent présentées au Grand Conseil pour être vérifiées et enregistrées, le Grand Conseil, encouragé sans doute par Richelieu, qui trouvait « l'action du pape étrange, » refusa l'enregistrement et fit le 28 mai des remontrances au roi. Il fallut deux injonctions successives de Louis XIII pour aboutir enfin, le 16 mars 1628, à l'enregistrement pur et simple. A la suite de cet enregistrement, le prince de Condé s'empara définitivement des biens des abbayes de Saint-Gildas et de Déols, tout en n'exécutant que d'une manière très imparfaite les conditions qui lui avaient été imposées [2].

---

1. Jean Chaumeau, *Hist. de Berry,* Lyon, Antoine Gryphius, 1566, in-f°, p. 258.

2. Pour plus de détails sur toute cette affaire, cf. **La Thaumassière,** *ibid.,* t. III, p. 251-252 ; — et de **Raynal,** *ibid.,* t. IV, p. 296-297.

VI. — *Conclusion.* — C'est de cette façon lamentable que périt l'œuvre des moines bretons de Ruys et des princes de Déols. Une fois le monastère sécularisé et fermé, tout devait, avec le temps, disparaître peu à peu. Des bâtiments du monastère, il reste aujourd'hui bien peu de chose. L'abbaye était, comme on l'a vu, située dans une île. Quelques pans du mur d'enceinte qui bordait la rivière et plusieurs de ses tours existent encore, ainsi qu'une partie du cloître et des bâtiments y attenant. Ces derniers servent actuellement de logements à divers habitants du faubourg. La grande porte de l'abbaye, qui se terminait en plein cintre et qui ouvrait sur le chemin de Levroux, a été démolie en 1884 avec les constructions adjacentes, appuyées contre le mur d'enceinte, derrière lequel on voit encore une partie de l'ancien fossé, d'environ quarante mètres de longueur. La *fuie* subsiste presque en entier dans la rue du Colombier ; seulement la partie supérieure a été coupée en plan incliné et couverte d'un toit. Enfin, de l'église elle-même il ne reste que deux petits chapiteaux romans sans intérêt[1]. Quant aux reliques de saint Gildas et de saint Aubin, on ignore ce qu'elles sont devenues[2].

Seule, jusqu'à ces derniers temps, la procession du jour de l'Ascension était encore un souvenir du passé. Après la sécularisation de l'abbaye, les curés de Saint-Denis et de Saint-André avaient continué à la faire, non plus à l'église abbatiale, mais à la petite chapelle de Saint-Marc. Puis quand cette chapelle fut, elle aussi, livrée à un usage profane, la procession, que le peuple aimait beaucoup, mais dont il avait

1. Renseignements dus à l'obligeance de **M.** Maurice Daiguzon, ancien élève de l'École des Chartes et ancien juge au tribunal de Châteauroux.

2. Il n'existe à Châteauroux et en Berry aucune église consacrée à saint Gildas. — Saint Aubin est le patron de l'église de Crevant, près de La Châtre, et de celle de Saint-Aubin, près d'Issoudun.

oublié l'origine, se fit à l'église de Saint-Christophe[1], qui depuis longtemps servait d'église paroissiale aux habitants du faubourg Saint-Gildas[2]. Un arrêté municipal a récemment interdit cette procession, en même temps que celles de la Fête-Dieu, de l'Assomption et des Rogations. — En outre, le faubourg Saint-Gildas lui-même a changé de nom ; il s'appelle aujourd'hui faubourg Saint-Christophe.

Ainsi, rien ne devait rester debout de ce qui pouvait rappeler l'abbé Dahoc et les fugitifs de Ruys. Il y a plusieurs années, on fit quelques fouilles au lieu même où s'élevait jadis l'abbaye de Saint-Gildas-en-Berry : on y trouva la dalle tumulaire de l'un de ses prieurs[3] ; et comme si la Providence eût voulu une fois encore rappeler sa primitive origine, on y trouva aussi un denier, frappé à Nantes, d'Arthur II, duc de Bretagne (1305-1312)[4].

1. Abbé Damourette, *loc. cit.*, p. 548-549.

2. Nicolay, *ibid.;* — Chaumeau, *ibid.*

3. Au centre de cette pierre tombale, qui appartient au musée de Châteauroux, se trouve gravée en creux la figure du prieur, très reconnaissable à la grande coule des bénédictins qui l'enveloppe tout entier. A l'entour règne une inscription en lettres gothiques dont voici la traduction : « Ici repose ..... prieur du monastère de Saint-Gildas de Châteauroux, mort en l'an 1302, le troisième jour avant les nones de mai ; qu'il repose en paix ! » Enfin, de chaque côté de la tête du moine, ce qui donne à cette dalle tumulaire un intérêt particulier, se trouvent deux disques représentant la lune et le soleil. Ce dernier est marqué d'une croix d'où s'échappent quatre rayons lumineux. Ces deux emblèmes ont été souvent répétés au moyen-âge, mais leur explication malheureusement reste toujours incertaine. (Abbé Damourette, *loc. cit.*, p. 500-501.)

4. *Congrès de Châteauroux, op. cit.*, p. 555.

LISTE DES ABBÉS

DE SAINT-GILDAS-EN-BERRY

(Extraite de la *Gallia Christiana*, avec quelques additions[1].)

———··∞··———

1. *Dahoc*, le réfugié de Ruys, premier abbé ; [quitte Saint-Gildas en 947 pour aller fonder Notre-Dame d'Issoudun ; *suprà* n° III et *infrà* App.]

2. *Durandus*, « abbé de *Saint-Gildas*, » par conjecture de Saint-Gildas-*en-Berry* ; assiste en 1040 à la dédicace de l'église de Vendôme[2].

3. *Vitalis* ; [chassé par ses moines en 1042;] souscrit une charte en 1067 *(suprà* n° IV).

En 1128, dédicace d'une nouvelle église abbatiale et concile à Saint-Gildas.

4. *Nicolaus* ; transige en 1078 avec Guillaume, abbé de la Prée.

[4bis. *B.....*, mort peu de temps avant le 20 mars 1180.

4ter. *Galterius*, prieur de Villedieu, élu en remplacement du précédent *(suprà* n° IV, et *infrà* pièce just.).]

---

1. *Gallia Christ.*, t. II, col. 155 et 156 ; les additions sont placées entre crochets. — Cette liste est très incomplète à cause de la pénurie des documents, dont la *Gallia Christ.* se plaint vivement, et qu'elle attribue à diverses causes. (Cf. col. 155, B.)

2. La conjecture est due à Mabillon, qui se fonde uniquement sur ce que Saint-Gildas-en-Berry est plus rapproché de Vendôme que les deux autres monastères de Saint-Gildas existant alors en Bretagne.

5. *S.....*, mentionné dans une charte de Raoul de Déols de l'année 1202.

6. *Gaufredus*, mentionné en 1206 dans une charte de Raoul d'Issoudun.

7. *Emeno*, mentionné en 1210.

8. *P.....;* transige en 1219 avec l'abbé de la Prée; mentionné en 1223.

9. *Theobaldus*, mentionné en 1231.

10. *Petrus;* exécuteur testamentaire en 1234 de Guillaume de Chauvigny, seigneur de Châteauroux.

11. *Guido;* transige en 1256 avec l'abbé de la Prée.

12. *Gaufridus*, mentionné en 1263.

13. *Johannes de Thasneriis*, mentionné en 1409 dans les actes du concile de Pise parmi les abbés qui envoyèrent à ce concile des procureurs avec pleins pouvoirs; mentionné en outre dans une charte de 1429.

14. *Thomas de Lesse*, mentionné en 1456; mort le 9 des calendes de mars 1462.

15. *Franciscus Guérin*, en même temps abbé des Pierres en 1512.

16. *Johannes II Niquet;* fonde en 1571 un collège de jésuites à Bourges.

17. *Franciscus de Chevnères* ou *de Chenevières*, abbé commendataire; répare le logis abbatial et l'église; meurt le 26 juillet 1616.

En 1622-1628, sécularisation de l'abbaye.

PIÈCE JUSTIFICATIVE

—

ÉLECTION D'UN ABBÉ DE SAINT-GILDAS, VERS 1180

U. Decano et communi capitulo Beati Stephani Bitur. humilis
conventus Sancti Gildasii salutem et obedientiam tam debitam
quam devotam. Noverit vestra sublimitas quod dompno B. abbate
nostro sublato de medio, cum licentia bone memorie Garini Bituricensis archiepiscopi [1], de substituendo et eligendo pastore
tractavimus. Congregatis itaque fratribus, convocatis et vicinis
abbatibus et religiosis personis, in electione secundum Deum pro-
cedentes, septem ex nobis viros religiosos et Deum timentes elegimus, super quorum animas omnes communiter in osculo pacis
verbum et summam electionis nostre posuimus. Pro inde illi septem in partem secedentes et abbates quos vocaveramus in consi-
lium suum admittentes, pari consilio et una voluntate, virum
honestum et religiosum dompnum Gauterium, priorem Ville-Dei,
elegerunt et electum nobis in capitulo nominaverunt. Quo audito
omnes Deo gratias egimus, et *Te Deum laudamus* cantantes, ipsum
flentem, reclamantem et pro viribus renitentem, secundum con-
suetudinem nostram in oratorio deportavimus, nec tamen in sede
collocare presumpsimus. Supplicamus igitur vestre pietati ut pau-
pertati monasterii nostri consulentes, ipsum nobis patrem, ipsum
nobis velitis assignare pastorem. Nomina autem septem fratrum
quos ad eligendum elegimus subscripta sunt. Ego Raimundus sup-

1. L'archevêque Guérin mourut le 20 mars 1180 (anc. style).

prior elegi et subscripsi. Ego Radulphus armarius elegi et subscripsi. Ego Ugo magister scolarum elegi et subscripsi. Ego Bernardus cellerarius elegi et subscripsi. Ego Mauricius prior Tauniaci elegi et subscripsi. Ego Petrus prior de Pinu elegi et subscripsi. Ego Sulpicius elegi et subscripsi.

[Gr. Cartul. de Saint-Étienne de Bourges; — de Raynal, *op. cit.*, t. II, p. 546-547.]

APPENDICE

—

NOTE SUR LES RELIQUES DE SAINT PATERNE, SAINT PATRICE
ET SAINTE BRIGIDE.

Nous avons vu plus haut *(suprà* n° III) qu'en 947 les reliques de saint Paterne, évêque de Vannes, et peu de temps après celles de saint Patrice, apôtre de l'Irlande, et de sainte Brigide (ou Brigitte), abbesse de Kildare, avaient été transférées de Saint-Gildas à Issoudun. Là, elles avaient d'abord été déposées dans une église située dans un faubourg, sur la rive gauche de la Théols, et dépendant d'un ancien monastère de Saint-Martin, qu'avait transformé en abbaye bénédictine de Notre-Dame d'Issoudun, avec le concours de Raoul de Déols et de Roger Taillefer, l'abbé Dahoc, le réfugié de Ruys.

Les reliques des saints bretons ne reposèrent pas longtemps dans cette église, qui avait pris le nom d'église de Saint-Paterne. Le monastère, ayant été ruiné par les guerres dans le courant du xie siècle, fut rebâti dans l'intérieur du *castrum*, sur la rive droite de la Théols; l'église de Saint-Paterne devint un simple prieuré-cure dépendant de Notre-Dame du Château, et les reliques des saints bretons furent, pour plus de sûreté, transportées dans la nouvelle église abbatiale. En 1134, le seigneur d'Issoudun, Raoul II, donna aux moines, gouvernés alors par l'abbé Letheric[1], la permis-

1. Cf. *Gallia Christ.*, t. II, col. 158, B et C.

sion de quitter l'enceinte fortifiée pour aller s'établir au-delà de la Théols (rive gauche), dans le faubourg de Saint-Denis. Mais les religieux, qui paraissent avoir eu un instant le projet de changer leur résidence, finirent par l'abandonner, et les reliques de saint Paterne ne furent pas déplacées. A partir de la fin du xiie siècle, les procès-verbaux de diverses visites, faites par les archevêques de Bourges ou leurs mandataires, permettent de constater que, jusqu'à la fin du xviie siècle, les reliques reposèrent toujours dans l'abbaye de Notre Dame du Château.

Ainsi, le 4 des ides de mars 1186 on voit l'abbé Geraldus Folius (La Fuille), par ordre d'Henri de Sully, archevêque de Bourges, enlever les reliques de saint Paterne de leur vieille châsse *(ex veteri capsâ)* pour les enfermer dans un tombeau en pierre[1], à l'exception du chef qui fut placé dans un reliquaire, de manière à pouvoir être exposé le quatrième dimanche de carême à la vénération des fidèles. — En 1243, avec la permission du bienheureux Philippe, archevêque de Bourges, les reliques sont visitées par l'abbé Jean, le 3 des nones de juillet[2]. — Le 20 mars 1513, la châsse de saint Paterne est déposée sur quatre colonnes derrière le grand autel, et un procès-verbal de la cérémonie dressé à la requête de frère Pierre Guillemet, prieur claustral. — Enfin, une visite générale des reliques conservées à Notre-Dame d'Issoudun est faite en 1626 par messire Roland Hébert, docteur en Sorbonne et archevêque de Bourges, en présence de frère Jacques Touchet, abbé. Le procès-verbal rédigé à cette occasion constate : 1° Que dans un sépulcre de pierre élevé derrière le grand autel, sur quatre colonnes, repose le corps de saint Paterne, évêque de Vannes, renfermé dans une châsse

---

1. *Gallia Christ.*, t. II, col. 158, D.
2. *Ibid.*, col. 159, C.

de bois, à la réserve du chef, conservé dans un reliquaire; 2° que dans la châsse de bois, il y a un sac de cuir, scellé de trois ou quatre sceaux, et dans lequel se trouve un autre sac de toile blanche, cousu, et scellé de deux sceaux, l'un sur le côté, l'autre sur le dessus; 3° que dans ce dernier sac fut trouvé un petit parchemin contenant cette inscription : « *Reliquiæ Sancti Paterni Episcopi Venetensis, cujus Transitus 18 Kal. Maii, Translatio vero à Britanniis Exolduno 9 Kal. Octobris celebratur* [1]. » Par la suite, les reliques de l'évêque de Vannes furent rapportées à l'église prieurale de Saint-Paterne[2], qui dépendait, comme on l'a vu, de l'abbaye de Notre-Dame.

L'archevêque Roland Hébert ouvrit aussi un cercueil de pierre, placé derrière l'autel de Saint-Pierre et Saint-Paul de l'église abbatiale, et qui passait encore en 1720 pour contenir les reliques de saint Patrice et de sainte Brigide[3]. Il le trouva rempli de gros et petits os appartenant à deux corps différents, mais sans aucun procès-verbal. Le chef de sainte Brigide était placé à part dans un reliquaire d'argent. En son honneur, il s'était formé dans l'église de Notre-Dame une confrérie dont La Thaumassière, qui écrivait en 1689, parle comme existant encore de son temps[4]. La même église renfermait aussi une chapelle consacrée à la fois à sainte Brigide et au Saint-Esprit. — Enfin l'église collégiale et paroissiale de Saint-Cyr renfermait deux chapelles, dédiées l'une à sainte Brigide, l'autre à saint Paterne, où se trouvaient sans doute quelques reliques de ces deux saints[5]. Les habitants du faubourg de Saint-Paterne devaient contribuer à l'entretien de

---

1. C'est en effet le 23 septembre qu'on fête à Issoudun la translation de saint Paterne. — Sur tous ces points, cf. La Thaumassière, *op. cit.*, t. II, p. 145-146.
2. Entre 1689 et 1720. — Cf. *Gallia Christ.*, t. II, col. 157, **B**.
3. *Gallia Christ., ibid.*
4. La Thaumassière, *loc. cit.*
5. Pérémé, *Recherches histor. et archéol. sur la ville d'Issoudun,*

cette seconde chapelle, où chaque année, le lundi de Pâques, ils faisaient dire une messe et offraient le pain bénit.

Aujourd'hui, il reste bien peu de chose à Issoudun de tout ce qui se rattachait autrefois au culte des saints bretons. — On ignore ce que sont devenues leurs reliques. pendant la Révolution. — L'église et le prieuré de Saint-Paterne, dont M. l'abbé Étienne Tourangin fut le dernier titulaire, ont été vendus à cette époque à M. Tourangin des Brissards et convertis en salpêtrière, puis en entrepôt de laines. Les bâtiments ont été ensuite démolis par M. Charles Tourangin des Brissards, d'abord partiellement, puis complètement vers 1850, à l'exception de l'habitation du prieur, qui fut vendue, mais ne tarda pas à avoir le même sort[1]. Seul le faubourg où était situé le prieuré a conservé son souvenir, en gardant le nom du saint. — Quant à l'abbaye de Notre-Dame, après avoir servi pendant et après la Révolution à des usages plus que profanes : loge de francs-maçons, théâtre, salle de bal, café, etc., elle fut affectée à l'installation du collège, et démolie en 1856 pour faire place au Palais de Justice actuel[2].

L'ancienne église de Saint-Cyr subsiste toujours et sert aujourd'hui d'église paroissiale aux habitants du centre de la ville ; mais elle a subi des remaniements qui ont été funestes à la chapelle de Sainte-Brigide. Avant la Révolution, l'église se composait de deux parties, séparées par le transept : le chœur, réservé aux chanoines, et la partie occidentale, appelée la « paroisse, » réservée au curé. Cette dernière partie

1847, in-8º, p. 279. — Il n'y avait pas de chapelle dédiée à saint Paterne dans l'ancienne église abbatiale de Notre-Dame.

1. Renseignements dus à l'obligeance de M. le comte de Lapparent, ancien conseiller à la Cour d'Appel de Bourges, et neveu de M. Charles Tourangin des Brissards.

2. Un vieux plan de l'abbaye, avec légende, existe à la mairie d'Issoudun.

était divisée en deux nefs. C'est à l'extrémité de la nef septentrionale que se trouvait la chapelle de Sainte-Brigide, que son style pouvait faire dater du xve ou du xvie siècle[1]. La « paroisse » ayant été complètement démolie vers 1877, pour faire place à une construction plus en harmonie avec le chœur, la chapelle de Sainte-Brigide a disparu. — Plus heureuse, la chapelle de Saint-Paterne, ouvrant sur le collatéral nord du chœur, subsiste toujours; mais elle est maintenant consacrée à saint Joseph[2], et elle a été quelque peu modifiée par des réparations faites vers 1865 au chœur et aux chapelles environnantes. Sous la fenêtre qui l'éclaire, on remarquait encore en 1850, posé sur un corbelet, un « buste » de saint Paterne, portant une ouverture à hauteur de la poitrine. Ce buste devait très vraisemblablement renfermer jadis des reliques du saint, que l'ouverture permettait d'apercevoir[3]. On ignore ce qu'il est devenu. Quant à la châsse principale de saint Paterne, ce sépulcre en pierre visité en 1626 par l'archevêque Roland Hébert, elle appartient aujourd'hui à M. Ulric Richard, propriétaire à Issoudun, à qui elle a été léguée par M. le docteur Gachet[4]. — On voit qu'à Issoudun, comme à Châteauroux, les anciennes fondations bretonnes ont eu fort à souffrir de la part du temps et des hommes.

---

1. Dans cette chapelle se trouvait une statue de sainte Brigide, placée au-dessus d'un retable représentant la Sainte Trinité.

2. C'est à la suite de cette substitution de titulaire que paraît s'être perdu l'usage où étaient les habitants d'Issoudun de faire dire une messe le lundi de Pâques en l'honneur de saint Paterne.

3. Peut-être était-ce ce reliquaire dont il a été question plus haut, et qui était exposé dans l'église abbatiale de Notre-Dame, chaque année, le quatrième dimanche de carême, à la vénération des fidèles?

4. Tous les renseignements qui précèdent sont dus à l'obligeance de M. le comte de Lapparent.

UN MONASTÈRE BRETON A CHÂTEAUROUX

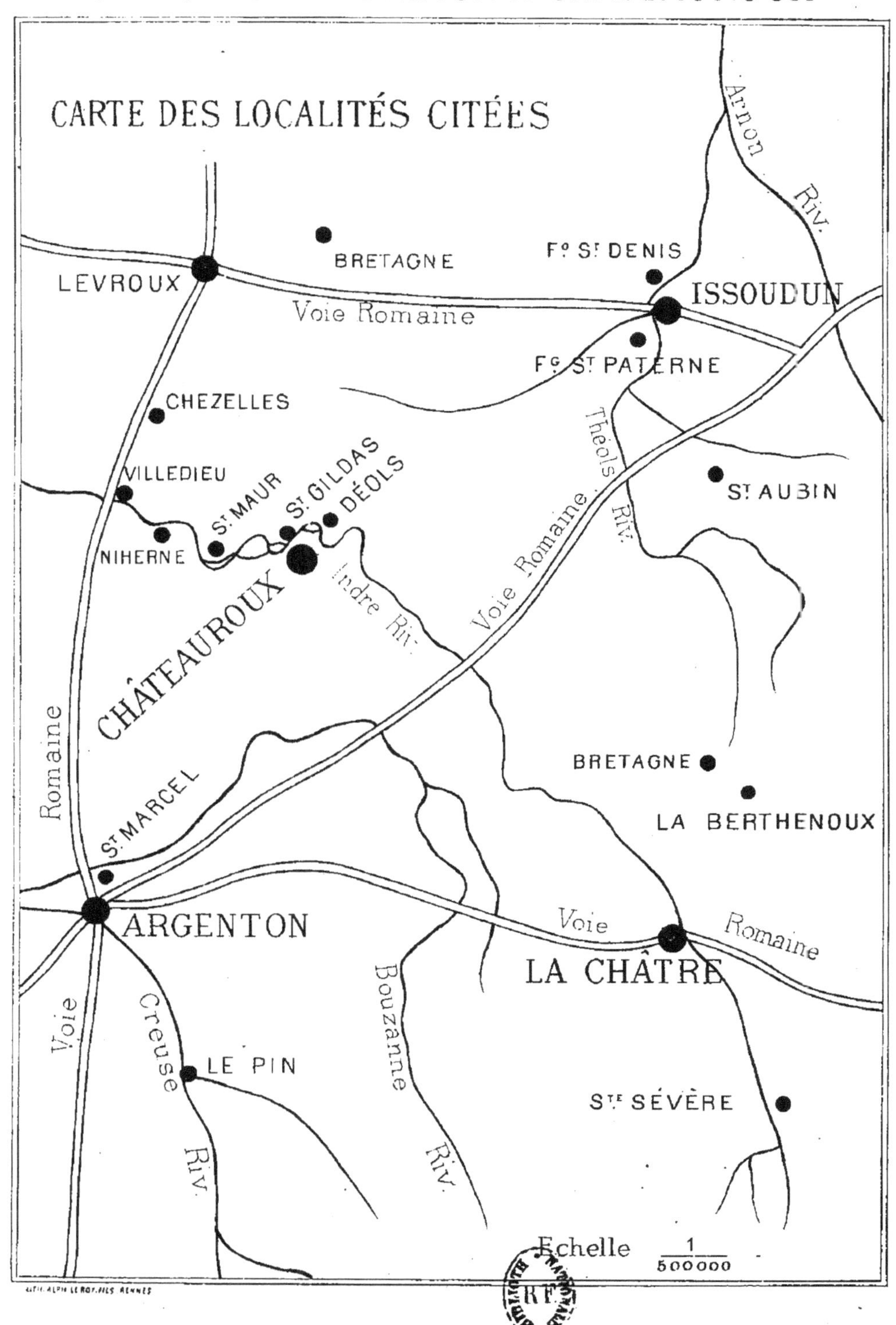